La Terreur

en 1871,

PAR UN CONDAMNÉ A MORT.

Dédié

Aux Habitants des Départements.

Les Causes. — Les véritables Auteurs. — Les Complices.
— Les Instruments. — Les Responsabilités.

PRIX: UN FRANC 25 CENT.

DEUXIÈME TIRAGE.

PARIS.
Chez Tous Les Libraires.
1871.

LA TERREUR

en 1871,

PAR N CONDAMNÉ A MORT.

Dédié

Aux Habitants des Départements.

---

s Causes. — Les véritables Auteurs. — Les Complices.
— Les Instruments. — Les Reponsabilités.

La province est majeure et émancipée:
Il faut qu'elle sache toute la vérité.

DEUXIÈME TIRAGE.

PARIS.

CHEZ TOUS LES LIBRAIRES.

1871.

INTRODUCTION.

Les événements dont Paris vient d'être le théâtre ont fait naître chez tous les honnêtes gens les mêmes pensées et les mêmes sentiments. Il est, toutefois, une impression qui ne nous a pas été commune avec une partie assez considérable, nous le reconnaissons, du public français. C'est la surprise.

Bon nombre d'hommes honorables se sont étonnés de la révolution du 18 mars. „Ils ne s'y attendaient pas; ils n'auraient jamais cru qu'elle pût s'accomplir aussi complètement.“

Notre avis, au contraire, est que cette nouvelle commotion était inévitable, qu'elle était dans la nature des choses, que c'est un fait normal et conforme à la logique des événements. S'il n'y a pas eu de 24 février sans un 23 juin; comment aurait-il pu y avoir un 4 septembre non suivi d'un 18 mars?

Après avoir pendant dix-huit ans sapé tous les principes et toutes les idées de devoir, de justice et de vérité, un jour, exploitant les maux de la patrie envahie, des hommes sans mandat renversent, par surprise et par violence, le gouvernement que le peuple s'était cinq fois donné, détruisent l'ordre politique, tous les pouvoirs publics émanés de la volonté populaire, et désorganisent les forces sociales et l'administration : et cet immense bouleversement n'aurait d'autre résultat que de procurer des portefeuilles à quelques avocats !

Eux installés dans les ministères, leurs créatures pourvues de places et gorgées d'or, tout serait dit! La vie de la France reprendrait aussitôt son cours régulier, le calme renaîtrait dans les esprits, et unanimement la nation se déclarerait ravie que M. Trochu ou M. Thiers aient succédé à l'Empereur Napoléon III! Non.

Si vous l'avez cru un moment, vous aux noms desquels demeurera éternellement attachée comme une flétrissure indélébile la date du 4 septembre, vous avez été bien ignorants des choses humaines et de l'histoire du monde.

Si vous avez douté, si vous avez espéré que peut-être la France se tirerait de la tourmente où vous la jetiez par pure ambition personnelle, vous êtes bien coupables de l'avoir précipitée dans une aventure où elle courait d'aussi terribles hasards.

Si vous connaissiez la loi des révolutions, il n'y a pas de termes pour vous condamner.

Quant à nous, nous le savions, le jour où le droit, la loi et l'ordre ont été brisés, l'avénement du socialisme était une question de mois, de jours ou d'heures.

Le 31 octobre, les Prussiens étaient à nos portes; les hommes de septembre n'avaient pas encore lassé l'opinion par leur incapacité et leur manque de cœur; ils trouvèrent des défenseurs. Le 31 janvier, les Prussiens étaient encore là, menaçants; Paris était épuisé par la résistance qu'il avait prolongée malgré ses gouvernants; ils demeurèrent encore sur leurs siéges chancelants, auxquels „ils se cramponnèrent,“ pour employer leur langage.

Mais, le 18 mars, au premier choc de l'armée socialiste, le gouvernement „s'évanouit.“ Quoi d'étonnant?

Une révolution n'est pas un tour d'escamotage ou une bataille de trois jours; c'est le prologue d'une série d'événements d'autant plus vaste que le pouvoir renversé avait plus de racines.

Est-ce que d'ailleurs, dirons-nous aux étonnés, le parti socialiste est né d'hier? En ignorait-on l'existence?

Quoi! l'on n'en avait jamais entendu parler? Ses doctrines étaient secrètes? Depuis trois ans les réunions publiques et la presse n'avaient pas retenti des paroles les plus radicalement subversives, les plus ardentes, contre la famille, la propriété, le capital? Est-ce que l'Internationale était un mystère? Mais l'Europe entière la connaissait. Mais les Congrès de Berne et de Lausanne avaient été tenus ouvertement. Mais le Parlement britannique avait terminé en 1867 l'enquête qui avait amené les épouvantables aveux de Broadhead.

Sans doute, lorsque autrefois des hommes clairvoyants signalaient certaines associations comme dangereuses, l'orsqu'ils engageaient les hommes de travail et tous les citoyens intéressés à la prospérité générale, à ne point ébranler le gouvernement par la demande de réformes intempestives, précipitées ou exagérées, à ne point en poursuivre la réalisation par des moyens violents, ni à se faire solidaires de ceux qui ne voyaient dans la liberté qu'une arme contre une autorité qu'ils voulaient détruire; sans doute ceux qui donnaient de ces conseils, ceux qui disaient: le regime actuel est la seule digue qui puisse nous préserver de désordres sociaux incalculables, ceux-là recevaient invariablement cette réponse: „Vous voulez nous faire peur avec le spectre rouge!"

Et cette réponse les désolait, car ils savaient que le spectre rouge n'était pas un spectre, et que si jamais quelque événement, que nul certes ne pouvait imaginer, renversait l'Empire, ils auraient malheureusement raison.

C'est ainsi que le 18 Mars ne nous a pas surpris, et que les événements qui en ont découlé ont rempli notre âme d'un deuil éternel sans jamais nous étonner.

I.

Les Canons de Montmartre.

Le 1er Mars les Prussiens entrent dans Paris où ils ne séjournent que quarante-huit heures.

La veille de leur entrée des désordres graves se produisent. Sous prétexte de sauver de l'ennemi des canons parqués dans un des quartiers que l'ennemi doit occuper, „de bons citoyens“ s'emparent de quelques batteries mises en réserve au Parc Wagram; on pille les cartouches des Gobelins; on envahit la caserne de la Pépinière où sont logés les marins et l'on réussit à en débaucher une trentaine.

Cependant, bien que la province s'émeuve profondément de ces faits, et surtout des meurtres horribles commis en plein jour dans les rues de Paris, le gouvernement, il faut que l'on s'en souvienne, télégraphie partout que les troubles sont insignifiants et que les journaux les ont dénaturés et exagérés.

Si le gouvernement était sincère dans ses déclarations réitérées, que penser de sa clairvoyance?

Sinon, que dire de sa probité politique et de son respect de la France?

L'événement a prouvé combien les préoccupations de la province, qui faisaient hausser les épaules à M. Thiers et tant rire M. Picard, étaient fondées.

Dès le 6 Mars, plusieurs batteries sont braquées des hauteurs de Montmartre sur la ville.

Le 7, Belleville et La Villette s'arment également de pièces volées.

Le gouvernement laisse faire.

On commence à parler vaguement d'un Comité Central de la Garde Nationale, destiné à maintenir la République par tous les moyens, quelle que soit à cet égard la volonté du pays.

Le 8, Montmartre compte déjà 58 pièces dont 4 mortiers et 21 Mitrailleuses, le tout installé dans des ouvrages. La mobile de la Seine s'agite. On tire çà et là sur les sergents de ville. Le départ des mobiles de province, de ceux qui s'étaient si héroïquement conduits pendant le siége et qui avaient battu les démagogues dans leur première tentative du 31 Octobre est commencé. Il est temps que ces enfants si braves, si honnêtes et si sensés quittent Paris, car on les travaillait déjà sans que le gouvernement prit aucune mesure pour les préserver de la contagion démagogique.

Le 10, le **Journal Officiel** contient une profession de foi républicaine du gouvernement de M. Thiers, concession faite à l'émeute menaçante, qui blesse la partie honnête de la population, sans inspirer la moindre confiance aux républicains et aux démagogues. La garde nationale continue à se réunir sans ordre de ses chefs réguliers et à obéir au „Comité Central" dont l'origine et les membres sont inconnus, et à la **Société Internationale des Travailleurs.** Cependant, malgré les observations du général Vinoy, M. Thiers persiste à payer aux gardes insurgés leurs trente sous par jour, plus les 75 centimes pour „leurs Dames." On cite même à ce propos des faits bizarres devant lesquels l'autorité s'incline: dans une compagnie de 250 hommes, la solde était payée à 277 femmes : il y avait 27 bigames patentés et récompensés. Voilà à quoi passait l'argent des contribuables français !

Paris se couvre de parcs et de batteries gardés par les bataillons républicains.

Cependant le mouvement reste stationnaire ; un grand nombre des gardes engagés dans cette mauvaise affaire se lassent; ils ne voient pas suffisamment où on les mène; il y a de l'hésitation et du désordre.

Un peu d'habileté et de fermeté et le gouvernement en sortira. Il n'en est pas sorti ; il s'y est plongé.

Le 14 Mars le gouvernement fait une tentative pleine de gaucherie pour reprendre les canons de Montmartre „par la douceur" ; ayant echoué, il se trouve avoir donné une force et une impulsion nouvelles aux insurgés. Au moment même où les affaires commençaient à reprendre comme elles le peuvent sous un gouvernement provisoire et sous la république, où les services ruinés par les incapables du 4 Septembre et par la guerre qu'ils avaient prolongée depuis lors pour rester au pouvoir, au moment où la vie en un mot revenait à ce grand corps qui s'appelle Paris et la France, une maladresse (calculée, dit-on) perd tout. —

La physionomie de l'insurrection change tout-à-coup. Le comité se constitue vigoureusement. Il multiplie ses réunions et ses processions à la Bastille. Il inonde Paris d'affiches incendiaires. Il exerce une action directe sur la troupe. On ne voit plus que soldats ivres en compagnie de gardes nationaux de mauvaise mine. En même temps, Paris est infesté de costumes rouges, galonnés, empanachés mais qui ne font pas rire, à cause de la face patibulaire de ceux qui les portent.

Les gens de Montmartre touchent maintenant cinq francs par jour : c'est l'Internationale qui ayant en caisse 8 millions (à la Société des Dépots et Comptes-Courants) parfait les 5 francs surlesquels le gouvernement paye toujours 1 frc. 50 cts. ou 2 frcs. 25 cts. Tout cela est notoire ; nul ne l'ignore et nul ne s'en cache.

II.

La Révolution du 18 Mars.

Dès le 4 Mars le général Vinoy avait envoyé à Bordeaux, la dépêche suivante qui avait fait hausser les épaules à M. Thiers.

Paris, 4 mars 1871, 1 h. matin.
Général Vinoy à guerre Bordeaux.

Si vous avez une division prête, envoyez-la moi, car **un mouvement insurrectionnel sérieux s'organise** publiquement.

Gardes nationaux de Montmartre, la Chapelle, Belleville et Mouffetard désarment les gardiens de la paix, pillent munitions et canons de remparts. Effectivement trop faible pour attaquer ou protéger efficacement.

VINOY.

Le 14 Mars le général Vinoy dit à M. Thiers: „Je ne puis répondre de mes troupes. Par crainte des sentiments bonapartistes de l'armée, vous venez de renvoyer dans leurs foyers, les anciens soldats rappelés. Ils ont été remplacés par des hommes venant je ne sais d'où, élevés à l'école de Gambetta, ne se connaissant pas, et ne connaissant pas leurs cadres. Ils sont très travaillés d'ailleurs par les démagogues. Je ne crois pas que nous puissions compter sur l'armée."

M. Thiers et ses collègues trouvèrent que le général n'y entendait rien et passèrent outre

Les 18 Mars, à 3 heures du matin, la troupe occupe les hauteurs de Montmartre. Sept attelages d'artillerie la suivent pour enlever **cent soixante-douze** canons, mitrailleuses ou mortiers. Ce n'est qu'à six heures que l'on commence à les descendre un à un tout tranquillement.

Il est trop tard : les insurgés ont eu le temps de se réunir en armes et de parlementer avec les soldats individuellement ; hommes et femmes les entourent de toutes parts et offrent des vivres à ces pauvres diables qui n'ont pas mangé depuis vingt heures. Aussitôt qu'ils recoivent l'ordre de charger, ils mettent la crosse en l'air et fraternisent. On enlève les artilleurs. Enfin, la fusillade s'engage avec la gendarmerie qui, au milieu de ces lâches défections, est forcée de se replier.

Les mêmes événements s'accomplissent aux Buttes Chaumont et à Belleville.

La révolution est faite.

En effet, DÈS UNE HEURE les membres du gouvernement se sont enfuis de Paris.

III.

La Terreur.

La révolution socialiste et jacobine du 18 Mars fut inaugurée par des exécutions sommaires qui se répétèrent quotidiennement jusqu'au jour de la rentrée des troupes dans Paris.

Celles qui eurent au début le plus de retentissement furent celles de deux personnages dont l'un était un démagogue en retraite, M. Clément Thomas et l'autre un de nos plus jeunes et plus braves généraux, M. Lecomte.

Nous ferons grâce au lecteur des fusillades nocturnes dont tant d'inconnus ont été victimes. Chaque arrondissement de Paris était opprimé par un sous-comité composé d'individus appartenant à la plus basse populace et devant lequel était appelé à comparaître qui bon leur semblait ou qui bon semblait au premier ivrogne passant dans la rue. Lorsque ce tribunal ne remettait pas le suspect en liberté immédiate, il était conduit Dieu sait où et reparaissait rarement.

Détournons les yeux de tant de meurtres obscurs et arrivons à ce massacre de la place Vendôme, qui rappelle les scènes les plus hideuses de l'autre République, mais qui depuis a été effacé par des crimes encore plus abominables.

Le premier sentiment qu'avait inspiré à la partie saine de la population l'avènement des démagogues avait été celui de la stupeur. C'est seulement le 19 au soir que des manifestations hostiles à la garde nationale du Comité se produisirent.

Celle-ci avait eu la malencontreuse idée de faire des patrouilles sur les Boulevards Montmartre, des Italiens et des Capucines. Elle y fut accueillie par des huées auxquelles elle répondit en couchant en joue la foule désarmée. Ces scènes se répétèrent le lendemain. Les gardes nationaux distribuèrent force coups de crosse et tirèrent quelques coups de fusil en l'air.

Le jour suivant une manifestation a lieu contre le Comité. Une foule dont le noyau s'était formé au coin de la rue Drouot parcourt aux cris de „Vive l'ordre" la rue Vivienne, la place de la Bourse, la rue Montmartre, le Boulevard des Italiens, la place Vendôme. Là les insurgés braquent sur la foule les canons volés à l'Etat. Le cortège se détourne, suit les quais, passe l'eau et pousse jusqu'au pont St. Michel. On se donne rendez-vous pour le lendemain.

Le mercredi 22 mars à une heure après midi, une foule assez considérable de citoyens s'était réunie place du Nouvel-Opéra, disposée à parcourir les boulevards aux cris de: **Vive l'ordre!** Les gardes nationaux reculèrent, les uns vers leur quartier général, (place Vendôme), les autres vers la foule qui occupait les boulevards. La foule entra dans la rue de la Paix, et eut l'espoir de parvenir ainsi jusqu'à la place Vendôme. On n'entend d'autres cris que ceux de: **Vive l'ordre!** Quelques personnes font entendre les mots de „la crosse en l'air!" A l'entrée de la place Vendôme, on est arrêté par plusieurs pelotons de gardes nationaux qui croisent la baïonnette. Un groupe de citoyens qui avait débouché par la rue Neuve-des-Capucines, portant un drapeau tricolore, s'avança jusqu'au front de ces gardes armés qui barraient le passage. Les cris de **Vive l'ordre!** redoublent pendant que ceux qui portaient le drapeau le déploient. Alors les applaudissements se font entendre de nouveau, les mouchoirs s'agitent, et l'on espère un dénoûment heureux. Quelques gardes armés lèvent la crosse en l'air. D'autres croisent mollement la baïonnette; on sentait, on voyait que, quelques secondes de plus, l'insurrection fléchissait devant le droit, la légalité et la conciliation. Mais, hélas! du coin de la place Vendôme un coup de feu partit. La foule resta impassible. Ce premier coup fut immédiatement suivi de cinq autres qui firent fléchir la foule. Sur les exhortations de quelques hommes décidés, la foule se rapprocha néanmoins et tint ferme jusqu'au moment où une décharge épouvantable obligea tous ces honnêtes Parisiens pacifiques à reculer et à se soustraire à la mort. Le point de mire des assassins était le groupe porteur du drapeau. En un clin d'œil la rue de la Paix fut couverte de corps blessés, morts ou renversés par terre par la foule en désordre. La fuite de cette foule n'arrêta pas le feu des gardes nationaux de l'insurrection, qui continuaient à tirer de tous les côtés.

117 personnes au moins furent tuées ou blessées.

Depuis ce jour la physionomie de Paris est celle d'une ville ravagée par la peste. Les boutiques sont fermées; les appartements de la classe aisée sont vides; les étrangers ont disparu des hôtels; plus de voitures d'aucune sorte ou à peu près; de quart d'heure en quart d'heure un passant à l'air soupçonneux marche d'un pas rapide; plus de lettres, ni de journaux; aucun service ne fonctionne; le mouvement et la vie sont suspendus.

Les fusillades sont quotidiennes (¹), les arrestations innombrables; les perquisitions arbitraires brutales et pres-

---

(¹) Voici dans sa terrible naïveté un rapport fait par le général commandant à Montmartre, Ganier, ancien cuisinier :

Rapport du 20 au 21 Mars.

Rien de nouveau.

J'ai reçu les rapports des différents chefs de poste. La nuit a été calme et sans incidents.

A dix heures cinq minutes, deux sergents de ville déguisés en bourgeois sont amenés par des francs-tireurs et fusillés immédiatement.

A midi vingt minutes, un gardien de la paix, accusé d'avoir tiré un coup de revolver, est fusillé.

A sept heures, un gendarme, amené par des gardes du 28e, est fusillé.

que toujours accompagnées de vols d'argenterie et de bijoux; les réquisitions sans payement, les confiscations, tout marche de pair.

Les hommes de tout âge sont enlevés dans la rue et incorporés sous peine de mort dans les bataillons insurgés; les femmes et les filles des absents sont maltraitées et emprisonnées lorsqu'elles ne dénoncent pas leurs maris et leurs pères.

Et tout cela s'exécute non seulement par la Commune ou ses mandataires, mais le plus souvent par des sous-comités (?) que personne n'a nommés, ou par des particuliers zélés agissant de leur propre initiative et sans aucune espèce de contrôle. C'est ainsi que la loi des suspects est mise en vigueur dans certains quartiers, sur la simple fantaisie d'un délégué de ceci ou de cela. Exemple: on lisait sur les murs du Boulevard de Clichy: „Le délégué du comité central, chargé de l'administration du 18e arrondissement (Montmartre), informe le public que quatre commissaires (les nommés Schneider, Burlot, Dioncourt et Lemoussu) sont institués pour recevoir les **dénonciations** contre les citoyens **suspects** de complicité avec le gouvernement de guet-apens et de trahison qui est venu échouer aux buttes Montmartre."

Tout cela se fait, disons-nous, non pas cette fois au nom de la liberté, dont, chose digne de remarque, personne ni à Paris ni à Versailles, ne parle plus, sans doute parceque, de part et d'autre, on a perdu le droit d'en parler, mais au nom du droit et de la légalité, et sous le couvert de quelques phrases hypocrites, publiés tous les matins dans le **Journal Officiel** de la bande.

C'est là que nous allons trouver la série des actes **criminels** ou insensés **avoués** par le nouveau gouvernement.

IV.

Le gouvernement de la Commune.

Le **Journal Officiel** du 20 mars, contient des proclamations en tout semblables à celles que M. Jules Favre publiait dans le même journal le 5 Septembre 1870, et les jours suivants: elles célèbrent la légitimité de la révolution et dénoncent l'indignité intellectuelle et morale du gouvernement déchu, qu'elles accablent de calomnies odieuses, elles jurent que l'on vient de sauver la République et promettent un bonheur sans mélange aux populations.

D'un autre côté le Comité Central, il serait injuste de ne pas le reconnaître, montre plus de loyauté et de désintéressement que ses précurseurs, professeurs et anciens complices en révolution. M. Jules Ferry, arrivant au pouvoir, avait dit en se frappant la cuisse: „Une assemblée nationale! Pas si bête! Jamais! Pas si bête!“ Et ses compères avaient opprimé, ruiné et vendu la France pendant cinq mois, sans jamais réunir d'assemblée ni consulter qui que ce fût. Le Comité, lui, convoque immédiatement les électeurs pour l'élection d'une municipalité parisienne.

Le **Journal Officiel** consacre ses premiers numéros à une longue apologie de l'insurrection. Le 21 il appelle l'assassinat du général Lecomte et du citoyen Clément Thomas „un acte de la justice du peuple.“

Un lit dans le numéro du 22 :

AVERTISSEMENT

„Après les excitations à la guerre civile, les injures grossières et les calomnies odieuses, devaient nécessairement venir la provocation ouverte à la désobéissance aux décrets du gouvernement siégeant à l'hôtel de ville, régulièrement élu par l'immense majorité des bataillons de la garde nationale de Paris (215 sur 266 environ.)

Plusieurs journaux publient en effet aujourd'hui une provocation à la désobéissance à l'arrêté du comité central de la garde nationale, convoquant les électeurs pour le 22 courant, pour la nomination de la commission communale de la ville de Paris.

Voici cette pièce, véritable attentat contre la souveraineté du peuple de Paris, commis par les rédacteurs de la presse réactionnaire :

AUX ÉLECTEURS DE PARIS

DÉCLARATION DE LA PRESSE

Attendu que la convocation des électeurs est un acte de la souveraineté nationale ;

Que l'exercice de cette souveraineté n'appartient qu'aux pouvoirs émanés du suffrage universel ;

Que, par suite, le comité qui s'est installé à l'hôtel de ville n'a ni droit ni qualité pour faire cette convocation ;

Les représentants des journaux soussignés regardent la convocation, affichée pour le 22 courant, comme nulle et non avenue, et engagent les électeurs à n'en pas tenir compte.

Le Journal des Débats, le Constitutionnel, le Peuple Français, le Moniteur universel, le Figaro, le Gaulois, la Vérité, Paris-Journal, la Presse, la France, la Liberté, le Pays, le National, l'Univers, le Temps, la Cloche, la Patrie, le Bien public, l'Union, l'Avenir libéral, Journal des Villes et des Campagnes, le Charivari, le Monde, la France nouvelle, la Gazette de France, le Petit Moniteur, le Petit National, l'Electeur libre, la Petite Presse.

Comme il l'a déjà déclaré, le comité central de la garde nationale, siégeant à l'hôtel de ville, respecte la liberté de la presse, c'est-à-dire le droit qu'ont tous les citoyens de contrôler, de discuter et de critiquer ses actes à l'aide de tous les moyens de publicité ; mais il entend faire respecter les décisions des représentants de la souveraineté du peuple de Paris, et il ne permettra pas impunément que l'on y porte atteinte plus longtemps en continuant à exciter à la désobéissance à ses décisions et à ses ordres. Une repression sévère sera la conséquence de tels attentats, s'ils continuent à se produire."

Dans celui du 23 :

„La presse réactionnaire a recours au mensonge et à la calomnie pour jeter la déconsidération sur les patriotes qui ont fait triompher les droits du peuple.

„Nous ne pouvons pas attenter à la liberté de la presse ; seulement, le gouvernement de Versailles ayant suspendu le cours ordinaire des tribunaux, nous prévenons les écrivains de mauvaise foi auxquels seraient applicables en temps ordinaire les lois de droit commun sur la calomnie et l'outrage, qu'ils seront immédiatement déférés au Comité central de la garde nationale.

„De nombreux agents bonapartistes et orléanistes ont été surpris d'après **l'Officiel,** faisant des distributions d'argent pour détourner les habitants de leurs devoirs civiques. Tout individu convaincu de corruption, ou de tentative de corruption, sera immédiatement déféré au comité central de la Garde Nationale" **(id est fusillé.)**

Le 25 un nommé Eudes, simple assassin condamné à mort à la fin d'août 1870, mais non exécuté par suite de la noble faiblesse de l'Impératrice, et délivré en grande pompe le 5 Septembre par M. M. Jules Favre et Arago, ses amis, est nommé général de la Garde Nationale. Il punira „sévèrement les ennemis de la République." „Tout ce qui n'est pas avec nous est contre nous."

Le 28 à la suite du simulacre de vote qui a eu lieu le 26 et auquel très peu d'honnêtes gens ont pris part, sauf dans le IXe arrondissement, le Comité Central feint de remettre ses pouvoirs aux prétendus élus qui se forment en **Commune de Paris.**

Le 31 parait enfin le rapport sur les prétendues élections ; il a fallu dix jours pour le faire. Il est vrai que M. Jules Ferry avait mis trois semaines à ne pas dépouiller le scrutin du 8 février et que ce travail stérile qui s'est terminé par la proclamation d'une liste de députés dont les derniers (M. Jules Favre entre autres) n'ont jamais été élus, a coûté aux contribuables 400,000 francs (nourriture, rafraichissements, orgies &c. des scrutateurs et de „leurs dames" à 6 francs.)

D'après ce rapport, considérant qu'il avait été établi que les élections seraient faites conformément à la loi de 1849 qui veut que les élus aient réuni le huitième des électeurs inscrits, mais que le huitième n'a pas été atteint, les élections sont . . . . validées. Considérant aussi que le drapeau de la Commune est celui de la République universelle, il est décidé, pour l'agrément personnel du Danois Frankel, que les étrangers pourront faire partie de la Commune.

Le 4 Avril l'**Officiel** affirme que „Bergeret et Flourens ont fait leur jonction. Ils marchent sur Versailles. Succès certain." Et voilà le degré d'impudence où a conduit l'exemple des Trochu et des Gambetta !

Le 6, cinquantième sortie à fond (dans l'**Officiel)** contre les „Chouans de Charette et les Vendéens de Cathelineau, qui marchent contre Paris au cri de **Vive le Roi,** le drapeau blanc en tête, avec les sergents de ville de Piétri."

Toujours „généreuse et juste" (sic), la Commune rend le décret suivant, que Marat eût signé sous l'autre République.

„Art 1ᵉʳ· Toute personne prévenue de complicité avec le Gouvernement de Versailles sera immédiatement décrétée d'accusation et incarcérée.

Art 2. Un jury d'accusation sera institué dans les vingt-quatre heures pour connaître des crimes qui lui seront déférés.

Art. 3. Le jury statuera dans les quarante-huit heures.

Art. 4. Tous accusés retenus par le verdict du jury d'accusation seront les otages du peuple de Paris.

Art. 5. Toute exécution d'un prisonnier de guerre ou d'un partisan du Gouvernement régulier de la Commune de Paris sera, sur-le-champ, suivie de l'exécution d'un nombre triple des otages retenus en vertu de l'article 4, et qui seront désignés par le sort.

Art. 6. Tout prisonnier de guerre sera traduit devant le jury d'accusation, qui décidera s'il sera immédiatement remis en liberté ou retenu comme otage."

Un démenti est opposé par l'**Officiel** au bruit qui court d'un dissentiment entre la Commune et le Comité Central (lequel après avoir soi-disant remis ses pouvoirs à la Commune, et s'être dissous, fait emprisonner les membres de ladite Commune). Naturellement, ce démenti ne laisse plus dans les esprits aucun doute sur l'existence du conflit.

Le 13 avril la Commune décrète que la colonne Vendôme sera démolie.

Le 2 mai un Comité de Salut public est établi et investi des pouvoirs les plus étendus.

Souvent l'**Officiel** se plait à répéter que „Paris est dans le droit."

Non !

Sans doute la Commune avait eu bien plus le droit de renverser un prétendu gouvernement, né d'une émeute toute parisienne, que les avocats députés de Paris ne l'avaient eu six mois auparavant de renverser — en profitant de ce que l'étranger envahissait le sol de la patrie — un gouvernement issu de la France entière et un Corps legislatif qui la représentait.

Sans doute l'assemblée n'a été élue que pour voter la paix, sans doute elle n'a été nommée que par CINQ millions d'électeurs sur ONZE, sans doute au moment de ces élections désordonnées, précipitées, auxquelles le pays n'a pas eu le temps de se préparer, la moitié des départements étaient occupés par les Prussiens ; toute la partie jeune de la population était hors de son domicile, à l'armée,

...ns les mobiles ou les mobilisés. — Les provinces ont
...té au chef-lieu de canton au lieu de voter chez elles à
... Commune. — Il a été formellement interdit dans ces
...ctions, **les moins libres qui aient jamais eu lieu
... France ou ailleurs**, de voter pour toute cette génération
...hommes politiques qui ont pendant vingt ans donné à
... France une prospérité inconnue jusque-là. Si un dé-
...et a rapporté l'ukase du citoyen Gambetta, M. Jules
...mon a eu soin que ce fût beaucoup trop tard pour que
...ut l'effet voulu par M. Gambetta, et par lui, ne fût
...s produit: en effet le décret Simon est arrivé dans pres-
...ue toutes les Communes le lendemain des élections et
...ailleurs les hommes qu'il était défendu aux électeurs
...élire n'ont pu ni voulu se présenter pour la plupart,
...n nombre d'entre eux étant proscrits, exilés ou emprisonnés
...r le bon plaisir du dictateur. Enfin le vote avait eu
...u par le scrutin de liste qui fausse l'élection et donne
...x minorités une importance fictive.

Par ces motifs, il est très vrai que le gouvernement
... l'assemblée étaient caducs en droit, comme ils l'étaient
... fait.

Néanmoins, on devait leur laisser le temps de faire
...e loi électorale sérieuse et de consulter le pays sur le
...uvernement qu'il lui plait à lui seul, souverain et sou-
...rain absolu, de se donner.

V.

Le Complot bonapartiste.

Bien des causes avaient ruiné le gouvernement
Mr. Thiers dans l'esprit des gens honnêtes de Paris
rendu sa chûte singulièrement aisée.

Nous avons indiqué plus haut les vices essentiels
gouvernement et de l'assemblée issus du vote du 8 Févr
Il nous reste à indiquer les circonstances qui ont dire
ment facilité les sinistres évènements de Mars, Avril et

Le défaut radical du Cabinet du 12 Février, éta
contenir dans son sein trois hommes, objets à des de
divers du mépris et de la haine légitimes de la popula
M. Jules Favre, dont la vie privée et certains actes pu
avaient été l'objet d'une dénonciation terrible, fait
moyen de la publication des pièces authentiques et i
testées que l'on sait (¹) ; MM. Ernest Picard et
Simon, qui avaient si mal gouverné depuis le 4 Septe
et avaient donné jour par jour tant de preuves évid
d'incapacité et de manque de loyauté et de cœur. C
l'auteur de cet écrit n'adopte pas aveuglément les s
ments de Paris ; mais, il doit le dire, quiconque, ce
sans exception, a vu à l'œuvre les hommes du 4 Septe
pendant le siége de Paris, ne peut avoir et n'a pou
que le plus profond dégoût. Sur ce point il faut qu
province s'en rapporte à Paris : MM. Trochu, Jules F
et consorts ont signé une capitulation qui dans l'his

(¹) Voir le journal „*Le Vengeur*" du 8 Février. M. Favre a d
tout avoué devant la cour d'assises.

est sans précédants et dont rien n'approche même de très loin. Avec une armée de **cinq cent mille hommes, cinq mille pièces d'artillerie**, une enceinte et des forts incomparables, ils ont livré, à un ennemi inférieur en nombre de plus de moitié, la troupe, la marine, la garde mobile désarmées, prisonnières, et tout le matériel de campagne, — consenti à l'occupation permanente et indéfinie des forts et à l'entrée des Prussiens dans Paris, et fait payer à la population 200 millions de contribution.

Ils préludaient ainsi à ce traité, le plus désastreux que la France ait jamais signé, qui a livré à l'ennemi tout ce qu'il a demandé et voulu demander, cent fois plus qu'il n'avait jamais espéré, nos principales places de guerre, trois départements et **cinq milliards** de francs, (sans compter ce que coûtera aux provinces envahies, par suite de la proclamation de la République qui a empêché la paix de se faire après Sedan, une occupation presque indéfinie aussi, et **aggravée** de la façon la plus douloureuse par la légèreté, la négligence, les oublis, l'ingnorance, l'incapacité et la basse lâcheté des négociateurs ; soit, avec les réquisitions et les pillages, — **douze** milliards).

Au dessous de ces raisons générales, il en est quatre de circonstance qui expliquent l'indifférence de Paris devant l'évanouissement instantané de M. Thiers et de son gouvernement :

1° La loi si mal aménagée et si impraticable sur les échéances, proposée par M. Dufaure et votée par l'Assemblée, avait indisposé la bourgeoisie et le commerce ;

2° La folie et la maladresse d'exécution avec laquelle le gouvernement avait sans être prêt et sans aucune chance de succès jeté toute une population dans une aventure dont les suites devaient être et ont été si terribles ;

3° L'abandon absolu dans lequel avait été laissée par le gouvernement lorsqu'il s'était enfui „d'un cœur léger“, comme a dit le **Journal des Débats**, la partie saine de Paris, qui, pourtant, avait pris les armes, occupé des positions importantes, créé un noyau de résistance, une base d'opérations, et même lutté énergiquement. On sait que la Bourse, la Banque, le Louvre, la Mairie du 1er arrondissement, le grand Hôtel, la gare St. Lazare, la Mairie de Passy, celle de la rue Drouot, reprise aux insurgés,. et les rues environnantes, étaient gardées nuit et jour par plusieurs des anciens bataillons de la garde nationale — 6e, 8e, 10, 11 &c. — qui avaient emprisonné avec le concours de nombreux volontaires des 7e et 8e mobiles de la Seine, et autres qui affluaient, plus de 800 insurgés en armes; il y avait là 14,000 hommes d'élite;

4º Les tristes et mensongères accusations lancées par le gouvernement contre toute une catégorie de gens d'ordre, au moment même où il aurait fallu les réunir tous en un seul faisceau.

Tels sont les motifs par lesquels une volonté sincère de verser son sang pour la cause de la société et de la civilisation disparût et fit place à une sorte d'indifférence. Voilà pourquoi, après plusieurs jours de lutte, d'attente, d'espérance indulgente dans le gouvernement de Versailles, la partie saine de la population rentra dans ses foyers le dégoût au cœur; encore fût-ce **sur l'ordre formel donné le 25 à sept heures du soir par l'Amiral Saisset, commandant supérieur de la garde nationale de Paris.** (') Elle n'a donc en rien mérité les reproches de lâcheté

---

(1) Ordre du vice-amiral Saisset adressé au colonel Trève, de la garde nationale, et remis à M. Dupont par son aide de camp :

»J'ai l'honneur d'informer MM. les chefs de corps, officiers, sous-officiers et gardes nationaux de la Seine, que je les autorise à rentrer dans leurs foyers, à dater du samedi 25 mars, 7 heures du soir.

Le vice-amiral commandant en chef la garde nationale de la Seine,«   Signé : SAISSET.

Pour copie conforme :

L'aide de camp de l'amiral,
A. CLÉMENT.

Si cet ordre funeste n'avait pas été donné, si ces hommes résolus avaient été maintenus aux postes qu'ils avaient assumé la mission de défendre jusqu'à la mort, si ces bons citoyens

dont l'ont accablée à plusieurs reprises dans **l'Officiel,** MM. Thiers, Jules Favre, Picard, Simon, Ferry et Dufaure, qui avaient prouvé leur courage en fuyant les premiers.

En ce qui concerne le „Complot bonapartiste", nous n'avons pas d'appréciations à donner, nous nous bornerons à mettre sous les yeux du lecteur les pièces authentiques relatives à cette infâme accusation, si perfidement lancée et si piteusement rétractée d'ailleurs par M. Thiers, et à rapprocher les paroles et les écrits émanés de lui, à ce sujet, de ses propres écrits et de ses propres paroles. C'est un cruel châtiment que nous lui infligeons, mais la vérité et la justice l'exigent.

Dès le 19 Mars, une proclamation adressée à la garde nationale par le gouvernement contient ces mots :

„Sont-ils communistes, ou bonapartistes ou prussiens? Sont-ils les agents d'une triple coalition ?"

Le **Journal Officiel** de Versailles publiait à la date du 21 Mars les lignes suivantes :

„Les factieux qui ont porté à la République une si grave atteinte seront forcés de rentrer dans l'ombre ; mais ce ne sera pas sans laisser derrière eux, avec les ruines qu'ils ont faites, avec le sang généreux versé par les assassins, **la preuve certaine de leur affiliation avec les plus détestables agents de l'Empire,** et les intrigues ennemies."

---

avaient été soutenus ou au moins reliés à Versailles, le gouvernement n'aurait pas eu de siége à faire, car les portes fussent restées ouvertes, et la prise de Paris lui eût incomparablement moins coûté : au lieu de prendre Paris entre deux feux, en l'envahissant par le Nord et par le Sud, on l'eût coupé en deux en entrant par le centre ; de plus et surtout, le centre étant resté occupé, la ruine de la partie la plus belle de Paris n'aurait pas eu lieu. Le Louvre, le Palais-Royal, les Tuileries, l'Hotel de Ville et le Ministère des Finances n'auraient pas été brûlés !

Ainsi cet ordre funeste, nous le répétons, a eu pour résultat le siége de Paris, et tous les maux qui en ont découlé ; il a livré Paris au crime, fait répandre des torrents de sang généreux et finalement laissé commettre les suprêmes forfaits. le massacre des prisonniers et l'incendie de Paris.

Dans la séance du même jour, M. Jules Favre lançait cette interruption qui, sortie d'une autre bouche que celle d'un faussaire, l'eût déshonorée:

„M. THIERS — Croyez-vous que ceux qui occupent Paris, qui ont tué Thomas, l'âme de la République . . . . .

„M. JULES FAVRE — Proscrit de Décembre, **ce sont les Bonapartistes qui l'ont tué!"**

Le 22 Mars, Versailles expédiait à tous les préfets et sous-préfets la dépêche suivante, signée **A. Thiers**:

Versailles, 22 mars, 7 h. 40 m.

„Le président du conseil, chef du pouvoir exécutif, à MM. les préfets et sous-préfets:

„L'ordre se maintient partout et tend même à se rétablir à Paris, où les honnêtes gens ont fait hier une manifestation des plus significatives.

„A Versailles, la tranquillité est complète; l'Assemblée, dans la séance d'hier, a voté, à l'unanimité, une proclamation digne et ferme, et s'est associée au gouvernement dans l'attitude prise à l'égard de la ville de Paris. Une discussion fort animée a contribué à resserrer l'union entre l'Assemblée et le pouvoir exécutif.

„L'armée réorganisée, campée autour de Versailles, montre les plus fermes dispositions, et, de toutes parts, on offre au gouvernement de la République des bataillons de mobiles pour la soutenir contre l'anarchie, si elle pouvait en avoir besoin. Les bons citoyens peuvent donc se rassurer et prendre confiance.

„**A Boulogne, M. Rouher, découvert avec une caisse de papiers scellée,** a couru les plus grands dangers, et aurait été en péril, sans l'énergie du sous-préfet de Boulogne et du préfet d'Arras. Il est provisoirement détenu à Arras, au grand regret du gouvernement, qui ne songe pas le moins du monde à se livrer à aucun acte de rigueur.

„**Les frères Chevreau et M. Boitelle, qui l'accompagnaient,** sont retournés en Angleterre.

„Tous les chefs de l'armée qui rentrent viennent offrir leur épée au gouvernement. Le maréchal Canrobert, se joignant à tous les autres, a fait auprès du président du conseil une démarche des plus dignes et qui a reçu l'accueil qu'elle méritait.

„L'adhésion est donc unanime, et tous les bons Français se réunissent pour sauver le pays, qu'ils réussiront certainement à sauver." Signé : „A. THIERS."

Enfin la presse servile recevait pour mot d'ordre de propager cet odieux mensonge.

Le Français, l'ancien organe du ministère Ollivier, de funeste mémoire, avait l'impudence de publier ce qui suit :

Il paraît certain que dans le mouvement se trouvent mêlés non seulement des repris de justice, comme MM. Assi et consorts veulent bien le reconnaître, mais encore des agents bonapartistes qui, renouvelant le jeu de 1851, recrutent à prix d'argent des soldats pour l'émeute. Des traites d'une maison anglaise ont été rapportées de Bruxelles par quelques-uns de ces agents.

Mis au défi par le *Peuple Français* de justifier cette absurde calomnie, le *Français* se retrancha dans un silence absolu.

Un autre journal, *l'Électeur libre*, appartenant à M. Ernest Picard et publié par son frère, M. Arthur Picard(¹), disait de son côté :

Il est certain que l'or bonapartiste est versé à pleines mains, et que, au lieu de 1 fr. 50, il est alloué aux gardes nationaux qui sont embrigadés 6 francs par jour.

Des ouvriers sont venus faire cette déclaration.

Les agents du gouvernement qui a jeté la France dans cet abîme, les agents de Bonaparte, ceux-là même qui ont ruiné nos caisses par leurs dilapidations, sont à Paris.

Tant mieux ! il sera plus facile de leur demander compte de leur criminelle conduite.

Les accusations de complicité dirigées contre la Prusse, valurent à M. Thiers la plus hautaine, la plus humiliante réprimande du Cabinet de Berlin, qu'il avait d'ailleurs été singulièrement impolitique et contraire à tous les usages diplomatiques d'attaquer comme on l'avait fait, sans être en mesure de fournir la preuve de l'accusation.

(¹) C'est le même qui, après s'être enfui de Paris, commit le crime de dénoncer nominativement les Bonapartistes présents dans cette ville et d'appeler sur eux les rigueurs du Comité du Salut Public.

Quant aux Bonapartistes, voici leurs réponses:

M. Rouher écrivit en ces termes, aux rédacteurs des principaux journaux:

Bruxelles, 25 mars 1871.

Monsieur,

Les lois qui garantissent la liberté individuelle de chaque citoyen français ont été violées en ma personne, je vous prie d'insérer ma protestation dans les colonnes de votre journal.

Je ne veux pas, à l'heure présente, exposer les faits qui ont procédé, accompagné ou suivi mon arrestation ; je ne veux pas davantage raconter les violences que j'ai subies. Je ne rends pas responsable des scènes sauvages de lundi dernier la population honnête et loyale de la ville de Boulogne.

Je sais que les misérables qui se sont rués sur moi étaient étrangers à la cité ou la lie de la populace ; ils ignoraient même mon nom, car, en m'outrageant et en me frappant, ils me donnaient celui d'un général français. Je veux seulement signaler aujourd'hui les motifs réels qui ont amené mon arrestation.

La cause directe de l'acte arbitraire et violent dont j'ai été victime est la calomnie officielle, insérée dans une proclamation du gouvernement, par laquelle les impérialistes sont accusés d'une participation à l'abominable insurrection qui ensanglante Paris. On a espéré donner quelque consistance à ce mensonge, en emprisonnant un ancien ministre de l'Empire. Ce calcul ne peut exciter que l'indignation et le mépris.

Les hommes qui viennent d'organiser la terreur dans la capitale de mon malheureux pays, sont ceux-là même qui ont institué, par l'émeute, le gouvernement du 4 septembre. Le 18 mars n'est que le développement de cette première rébellion. Les Parisiens voient aujourd'hui les terribles conséquences qu'entraîne le renversement d'un gouvernement régulier. Les paroles de M. Jules Favre à l'Assemblée nationale sont insensées ou perverses. Les impérialistes font des vœux ardents pour que le gouvernement de Versailles triomphe de la démagogie ; ils méprisent et maudissent, avec la France entière, cette plèbe ignoble qui fait succéder aux cruelles douleurs de la guerre avec l'étranger les horreurs de la guerre civile.

Dans une circulaire que je lis à l'instant, M. Thiers prétend que j'ai été *découvert* à Boulogne, et que les mesures prises contre moi ont été motivées, soit par mon arrivée dans cette ville, en compagnie de MM. Chevreau et de M. Boittelle, soit par la possession d'une caisse de papiers mystérieusement scellée.

Voici la vérité sur ces allégations: Je n'ai point été *découvert* à Boulogne ; j'y étais arrivé depuis cinq jours. J'étais inscrit sous mon nom à l'hôtel et porteur d'un passeport, délivré huit jours avant à Londres, par le consul général de France. Mon séjour dans la ville était ostensible et n'était ignoré ni des autorités ni des habitants.

MM. Chevreau ont passé avec moi, en Angleterre, une partie de ces six derniers mois pendant lesquels j'ai appris à les estimer et à les aimer chaque jour davantage. L'un d'eux est revenu en France par le même paquebot que moi; n'est-il pas naturel que nous ayons repris ensemble la route de la patrie?

Il est matériellement inexact que M. Boittelle fût à Boulogne; il y aurait été, que l'accusation n'en serait pas moins puérile.

Quant à mes papiers, ils étaient contenus dans une caisse en bois blanc, avec des effets de voyage.

Ce sceaux mystérieux, qui paraît avoir excité la défiance du président du conseil, et qu'il signale à la France, est tout simplement le cachet apposé par M. le souspréfet de Boulogne sur la caisse, au moment où il en a fait la saisie, hors de ma présence.

M. Thiers a envoyé à Arras un délégué spécial pour examiner ces papiers. Ce délégué a, par un télégramme détaillé, rendu compte au président du conseil de ses investigations. A-t-on trouvé une ligne, un mot qui puisse servir de prétexte à incriminer ma conduite ou mes sentiments : Non ! — Arrestation, emprisonnement, recherches, toutes ces mauvaises actions n'ont abouti qu'à l'impuissance et à la confusion ; et cependant le président du conseil a expédié au préfet d'Arras la dépêche télégraphique suivante :

„Elargissez M. Rouher ; envoyez-le hors de France, en lui demandant sa parole d'honneur qu'il ne prendra aucune part aux troubles actuels. Choisissez, d'accord avec lui, le chemin qui lui fera courir le moins de périls.“

Me demander ma parole d'honneur que je ne prendrai aucune part aux troubles actuels ! En vérité, c'est une chose honteuse ! Quel succès se promet-on de cette manœuvre perfide et coupable, qui déverse la calomnie sur un parti innocent ?

Que M. Thiers cesse de recourir à ces pitoyables expédients, qu'il laisse au comité de l'Hôtel-de-Ville le soin de nous déclarer suspects, celui-ci est dans son rôle. Toute équivoque est impossible ; le drapeau des insurgés de Paris est connu de tous; c'est celui du socialisme et de la terreur ; c'est l'infâme drapeau rouge ! Louvoyer ou transiger avec ces hommes, c'est perdre le pays. L'énergie peut seule assurer le salut. Les honnêtes gens sont prêts à combattre. Pour mes amis et pour moi, notre suprême douleur est de ne pas partager en ce moment les périls que courent les bons citoyens.

Signé : E. ROUHER.

M. Henri Chevreau écrivit de son côté :

23, midi.

A M. Thiers, chef du pouvoir exécutif, à Versailles.

Je lis dans une dépêche officielle envoyée aux préfets ces mots :

«M. Rouher a été découvert à Boulogne : les frères Chevreau et M. Boitelle qui l'accompagnaient sont retournés en Angleterre.»

J'étais en effet logé dans le même hôtel que M. Rouher; depuis cinq jours à Boulogne, j'y étais publiquement avec mon passeport à mon nom, délivré pour la France et la Suisse par le consul général de France à Londres, qui m'avait assuré que je pouvais - rentrer en toute sécurité dans mon pays, je me rendais en Suisse pour y retrouver ma femme et mes enfants.

Les nouvelles alarmantes de Paris, la difficulté de traverser la France dans un pareil moment m'ont retenu à Boulogne ; j'attendais pour partir que le calme fût rétabli à Paris. Quand j'ai vu mettre en état d'arrestation un ancien ministre venu publiquement, comme moi, avec sa femme et sa fille, pour rentrer dans son domicile, à Cerçay; quand on m'a raconté les violences de la populace sur sa personne, j'ai compris que l'innocence ne servait à rien et j'ai quitté Boulogne par le chemin de fer, mon passeport à mon nom sur moi, comme un citoyen qui n'a rien à se reprocher.

Je ne suis pas allé en Angleterre, comme le dit la dépêche aux préfets, mais à Bruxelles, pour rejoindre ma famille à Fribourg, en passant par l'Allemagne, puisque la voie de la France m'était fermée.

Il n'en est pas moins vrai qu'on peut inférer des termes de la dépêche officielle que j'ai une part de responsabilité morale qu'on essaie de faire peser si injustement sur M. Rouher, en mêlant son nom aux abominables scènes de désordre qui désolent Paris.

Vous regretterez, j'en suis sûr, d'avoir autorisé des suppositions blessantes pour mon honneur et celui de mon frère ; notre vie toute entière proteste contre les intentions qu'on nous prête, et nous les repoussons avec indignation.

Quant à M. Boitelle, j'affirme sur l'honneur que je ne l'ai pas vu depuis plus de six mois.   HENRI CHEVREAU.

Voici la lettre de M. Léon Chevreau aux journaux :

Monsieur le Rédacteur en chef,

Un de mes amis m'assure que vous avez prononcé mon nom dans votre journal, en insinuant que ma présence à Paris pouvait se rattacher aux scènes odieuses de Belleville et de Montmartre.

Je dédaignerais de répondre à une pareille calomnie, si plusieurs journaux ne cherchaient à faire croire que d'anciens fonctionnaires de l'Empire se déshonorent en se mêlant aux insurgés qui oppriment Paris. Je proteste contre une imputation aussi odieuse. La gloire de l'Empire que j'ai servi, c'est d'avoir combattu partout et toujours les révolutionnaires, de n'avoir jamais fait alliance avec cette tourbe impure des grandes villes qui peut porter des ambitieux au pouvoir dans un jour de surprise, mais que les honnêtes gens de tous les partis méprisent et réprouvent.

Il ne nous reste que l'honneur. Des adversaires politiques loyaux ne devraient pas chercher à nous l'enlever!

M. Ernest Picard, ministre de l'intérieur, que j'ai vu pendant mon court séjour à Paris, peut dire quel devoir m'y a conduit. Il sait aussi bien que moi et il l'affirmerait au besoin, je suis sûr, qu'aucun mobile politique ne me guidait.

J'espère, monsieur le rédacteur en chef, que vous n'hésiterez pas à insérer cette lettre dans votre plus prochain numéro, et que vous ne me forcerez pas à avoir recours aux voies judiciaires.

Recevez, monsieur le rédacteur en chef, l'assurance de ma considération distinguée. LÉON CHEVREAU.

M. Boittelle a adressé à M. Thiers la lettre suivante :

Le Tréport, 22 mars.

Monsieur le chef du pouvoir exécutif,

Je lis avec surprise dans une communication signée de votre nom et affichée sur les murs du Tréport, que les frères Chevreau et M. Boittelle, qui accompagnaient M. Rouher à Boulogne, sont retournés en Angleterre.

Je suis depuis quelque temps au Tréport, où je m'occupe d'intérêts industriels.

Je n'ai pas eu l'honneur de voir ni M. Rouher ni MM. Chevreau depuis le 4 septembre 1870.

Et non seulement je ne suis pas retourné en Angleterre, mais je suis un peu confus d'avoir à avouer que je n'ai *jamais* visité ce pays.

Vous êtes bien mal renseigné, en ce qui me concerne, du moins ; mais j'espère que vous trouverez un moyen de démentir la fausse imputation formulée à mon égard dans votre communication officielle. Recevez, etc. BOITTELLE.

Enfin voici encore une lettre de M. Rouher sur le même sujet :

Bruxelles, le 3 avril 1871.

«Monsieur le président du conseil,

Je lis dans un compte rendu de la séance du 31 mars, publié aujourd'hui par les journaux de Bruxelles, les explications que vous avez cru devoir donner à l'Assemblée nationale sur mon arrestation et sur la protestation que j'ai livrée à la publicité. Vous déclarez que ma lettre est offensante et relate des faits entièrement faux. Votre discours a pour but d'en fournir la preuve. Examinons, précisons nos affirmations respectives ; la vérité se dégagera facilement. Qu'ai-je dit ? Qu'avez-vous répondu ?

D'après vos déclarations à l'Assemblée, plusieurs des personnages qui ont servi l'empire se seraient présentés ensemble et simultanément, à la frontière, au moment où éclatait l'insurrection de Paris. Cette coïncidence avait paru suspecte. Une simple surveillance avait été prescrite par le gouvernement à mon égard. Mais mon arrivée à Boulogne aurait produit une émotion populaire, entraîné des troubles regrettables et rendu mon arrestation nécessaire.

Ces allégations sont les unes et les autres contraires à la vérité. Aucun des personnages désignés par vous, aucun, entendez vous bien, n'est venu à Boulogne, soit pendant mon séjour, soit après mon départ. Ma rentrée en France a précédé de plusieurs jours l'insurrection de la capitale. Cette émeute, loin de provoquer mon voyage, en a suspendu la continuation. Que pouvait-il y avoir de commun entre ce soulèvement socialiste et moi? Comment un esprit sérieux a-t-il pu faire d'une coïncidence fortuite un élément de complicité?

Doutez-vous, par hasard, monsieur, que si je fusse arrivé à Paris, au lieu de rester à Boulogne, je n'eusse pas été l'une des premières victimes des insurgés? Mon arrivée à Boulogne n'a causé aucune agitation. J'étais depuis cinq jours dans cette ville, ma présence y était connue de tous. On n'a pas exercé contre moi une surveillance inostensible, on a pratiqué une véritable arrestation. L'agitation de la rue a été provoquée par les mesures de vos agents, par la présence d'officiers de police, placés à la porte de mon appartement et établis en permanence autour de l'hôtel. Prescrivez, monsieur, comme c'est votre devoir, une enquête judiciaire sur les tristes manifestations dont j'ai été victime, et vous saurez bientôt quelles négligences coupables les ont favorisées.

J'ai affirmé que mon arrestation avait été motivée par une calomnie; j'ai soutenu que cette calomnie consistait à accuser les impérialistes d'ourdir des conspirations ou de fomenter des complots. Or, vous ne l'ignorez pas, l'accusation a été écrite dans une proclamation officielle, signée par les ministres que vous avez choisis, elle a été répétée dans le sein de l'Assemblée par M. Jules Favre et dans les colonnes du *Journal Officiel*. Cette accusation est-elle une calomnie? Vous le confessez vous-même, car vous avez déclaré à la Chambre que vous ne *croyez pas du tout à un complot*. Invité par les mouvements de l'Assemblée à être catégorique, vous avez ajouté: «Je serai très net, et je déclare que si je n'en dis pas davantage, c'est que je n'en sais pas davantage;» donc, il n'y avait pas de complot.

Mais cette longue expérience des révolutions que vous revendiquez dans votre discours ne vous a-t-elle pas appris que des imputations aussi téméraires projetées par un gouvernement, au milieu des agitations populaires, sont une provocation directe aux violences et à l'assassinat?

Il n'y avait pas de complot, cela est avéré. Vous avez dit à la Chambre tout ce que vous saviez, et vous avez avoué ne rien savoir; cependant, lorsque le préfet d'Arras, tardivement éclairé sur l'irrégularité et l'injustice de mon arrestation, prescrivait mon élargissement, une dépêche télégraphique du ministre de l'intérieur, malgré mes vives réclamations, ordonnait de me maintenir en prison. N'ai-je pas eu raison de qualifier d'arbitraires et violents des actes sans base juridique?

Vous déclarez avec emphase, que vous pratiquerez toujours au pouvoir les principes que vous avez professés dans l'opposition. Vos contemporains seront juges de la valeur de cette assertion. Mais vous auriez dû donner au ministre de l'intérieur le conseil d'observer ce précepte. Mon incarcération a été opérée, en effet, en vertu de cet article 10 du Code d'instruction criminelle que M. Picard appelait à la tribune du Corps législatif „l'arme des tyrans,“ et qu'il applique abusivement aujourd'hui.

Vous voulez bien affirmer que j'ai été transféré à Arras avec les égards qui m'étaient dus. Je dois en induire que dans votre pensée, il ne m'était pas du grand'chose, et je me résigne à cette appréciation. En effet j'ai été conduit par un capitaine de gendarmerie et quatre gendarmes, dont trois se sont installés dans mon compartiment, quelque peu étonnés d'avoir la garde d'un aussi grand criminel.

Malgré ma demande, on a refusé à ma femme et à ma fille la faculté de voyager dans le même train que moi, et, arrivé à Arras, j'ai dû parcourir la ville entière, à pied, en compagnie du capitaine de gendarmerie, suivi à petite distance des quatre gendarmes, porteurs de cette caisse de papiers si compromettants, pour être écroué à la maison d'arrêt.

Croyez du reste, monsieur, que je n'élève aucune plainte à raison de ce traitement égalitaire. Mais je tiens essentiellement à relever deux autres erreurs de votre récit. Je ne vous ai, monsieur, adressé ni remerciment ni félicitations. Il eût été aussi naïf à moi de le faire, qu'il est naïf à vous de l'alléguer. Malgré la demande contenue dans votre télégramme, je n'ai point donné ma parole d'honneur que je resterais étranger aux troubles qui se produisaient en France. J'ai considéré, je considère cette demande comme injurieuse ; je n'y ai répondu que par le silence et le dédain.

Votre discours se termine, monsieur, par une attaque contre les hommes qui ont servi l'empire. Ils se seraient, selon vous, rendus coupables d'actes arbitraires. Les passions sont trop vivement excitées pour permettre de porter aujourd'hui un jugement impartial sur le règne de Napoléon III. Les temps calmes reviendront pour notre patrie et, avec eux, cet esprit de justice qui pèse et répartit toutes les responsabilités. J'attends, non sans impatience, ces jours de libre discussion ; mais à l'heure actuelle, le débat est circonscrit à ma personne, il ne saurait se résoudre par de vagues déclamations.

J'ai, pendant vingt années, exercé de hautes fonctions publiques, vous êtes en possession des archives ministérielles ; on s'est emparé, après le 4 septembre, de documents confidentiels, livrés, sans droit, à la publicité. Faites fouiller tout le passé ; signalez, si vous le pouvez, un acte, commis par moi, qui ait été arbitraire ou violent ; portez vos investigations sur ma longue carrière politique, recherchez si elle n'a pas eu constamment pour règle la droiture et la loyauté des intentions.

Cette lettre se résume en un mot : J'ai dit la vérité. Vous, monsieur le président du conseil, vous avez donné à l'Assemblée nationale des explications dénuées d'exactitude et fait des aveux qui condamnent vos actes.

Un souvenir historique me console de ces douloureux incidents. J'ai été incarcéré au lendemain de la sédition de Paris ; Armand Carrel fut arrêté au lendemain de l'attentat de Fieschi. Vous n'avez pas oublié, monsieur, par ordre de quel ministre cette arrestation a été opérée.

Agréez, monsieur le président du conseil, l'expression de ma haute considération.»   E. ROUHER.

Ecrasé par l'évidence, M. Thiers, dans la mémorable séance de l'Assemblée Nationale du 31 Mars était venu, de lui-même, s'infliger solennellement à la tribune le plus éclatant de tous les démentis qu'il a reçus dans sa longue carrière :

«Au moment même, dit-il, où les événements si graves dans Paris se passaient ou venaient de se passer, plusieurs personnages, ayant sous le dernier régime, rempli des rôles plus ou moins considérables se sont trouvés, par hasard, *je l'admets*. . .(Interruption.)

Laissez-moi la liberté de n'en pas dire plus que je n'en veux dire. (Sourires approbatifs sur plusieurs bancs.) Et, je le dis tout de suite *très-sincèrement*, je n'en veux pas dire davantage, parce que **je n'en sais pas davantage** (Mouvements divers.)

Le fait est que plusieurs personnages ayant rempli, sous le dernier régime, des rôles plus ou moins considérables, se sont trouvés en même temps sur nos frontières. Vous savez combien, dans des moments d'agitation, les populations deviennent crédules, même injustes ; il a été impossible d'empêcher cette opinion de se répandre, — nous la trouvons partout, je pourrai vous en fournir la preuve tout-à-l'heure par des dépêches ; — il a été impossible d'écarter de l'esprit des populations cette croyance, que c'était avec intention que ces personnages se présentaient tous à la fois et qu'il y avait UN COMPLOT, — AUQUEL, JE LE DÉCLARE, JE NE CROIS PAS DU TOUT, — mais enfin un complot contre l'Etat.

Pour moi, j'ai *trop l'expérience des révolutions pour me laisser entrainer à des craintes chimériques ;* JE N'AI POINT PARTAGÉ L'EFFAREMENT DE L'OPINION PUBLIQUE, pardonnez-moi ce mot ; mais voici ce qui s'est passé :

M. Rouher se trouvait à Boulogne; il y était depuis trois ou quatre jours. Le Gouvernement avait été averti, il s'est borné à prescrire une simple surveillance ; c'était son devoir. Je dis une simple surveillance &c.»

Depuis, dans aucun des procès intentés aux chefs de l'insurrection, il n'a été possible au gouvernement de trouver la trace la plus légère de relations quelconques entre le parti impérialiste et les socialistes. Au contraire, on a eu la preuve manifeste des relations, évidentes d'ailleurs, des assassins et des incendiaires avec les hommes du 4 septembre : on a trouvé entre autres, le numéro matricule de M. Jules Simon, membre de l'Internationale.

VI.

Point de vue militaire.

Au point de vue militaire, purement technique, à ce point de vue où l'on n'a pas à se préoccuper de la dépense d'argent, de la destruction des biens, de la mort des hommes, de la démoralisation des individus, du malaise, des souffrances du pays (parce que le militaire est chargé d'une opération matérielle qu'il doit réussir, et que tout ce qui ne rentre pas immédiatement dans le cercle étroit de cette opération est du domaine exclusif des politiques et des gouvernants qui seuls en sont responsables), au point de vue militaire, disons-nous, la lutte entre Versailles et Paris a été fort bien menée, depuis le jour où le Maréchal Duc de Magenta et les autres chefs de l'armée ont signifié à M. Thiers que s'il persistait à se mêler de leurs affaires, ils se retireraient.

Au début M. Thiers commandait. C'est lui qui, complètement affolé, voulait abandonner le 19 Mars le Mont Valerien(¹), comme il avait donné l'ordre d'évacuer tous les forts du Sud qu'on a eu tant de peine à reprendre, et qui ont coûté si cher à nos soldats et à nos marins. (Si l'intention de M. Thiers avait été realisée en ce qui concerne la grande forteresse, jamais l'armée ne serait entrée dans Paris.) Le fait résulte d'une note adressée aux journaux par l'honorable général Vinoy, note, qui

----

(¹) Le fait est confirmé par une dépêche adressée à Berlin par le commandant de l'armée allemande à St. Denis.

a fait beaucoup de bruit, mais n'a été l'objet d'aucune réclamation de la part de M. Thiers.(¹)

Quoique remis à sa place par les militaires, M. Thiers ne put jamais s'empêcher d'intervenir et même de donner des ordres. C'est ainsi que, le 21 Mai, le général Douay ayant franchi l'enceinte sur les indications de M. Ducastel, M. Thiers qui se trouvait à ce moment à Montretout, entra dans une rage inexprimable et envoya dépêche sur dépêche au général, pour lui enjoindre de ne pas s'engager et de s'arrêter. Heureusement le général ne tint aucun compte de cet ordre et y répondit, en poussant sa pointe avec la rapidité de l'ouragan. S'il eût écouté M. Thiers, dont l'idée était que l'armée ne devait entrer dans Paris que quatre jours plus tard, il ne serait pas resté de la grande cité une seule maison : les pétroleuses auraient eu tout le temps de réaliser entièrement leur projet.(²)

Quoiqu'il en soit, on ne saurait trop louer cette excel-

(¹) L'article de M. Jules Richard — chronique de Paris — inséré dans le *Gaulois* du 17 juin, dit que M. Thiers avait donné le 18 mars au soir l'ordre d'évacuer les forts, et que sans les pressantes instances de l'amiral Jauréguiberry, du général Martin des Pallières, et de M. Buffet, le Mont-Valérien nous aurait échappé comme les forts d'Issy, de Vanves et de Bicêtre.

La vérité est que le fort du Mont-Valérien n'a jamais été évacué : il était occupé, à la date du 18 mars, par les 21· et 23· bataillons de chasseurs à pied, qui avaient reçu l'ordre de se rendre en Algérie, et *dont le départ était fixé pour le 20 mars.*

Dans la nuit du 19 au 20 mars, M. le général Vinoy OBTINT de M. Thiers que les bataillons de chasseurs à pied *seraient remplacés* au Mont-Valérien par le 119· de ligne, régiment qui se trouvait à Versailles depuis le 12 mars. En effet ce corps quitta Versailles dans la nuit du 19 au 20 mars et arriva au fort le 20 mars à sept heures du matin, avant le départ du 2e bataillon de chasseurs à pied.

(²) M. le Baron Stoffel dit dans la Préface de ses *Rapports :*

«M. Jules Favre a donné à entendre le 10 avril, du haut de la tribune, que l'insurrection de Paris n'était due qu'à une poignée de factieux et que le gouvernement de Versailles en aurait bientôt raison. Mensonge ! car M. Favre n'ignorait pas que le mouvement ne fût beaucoup plus sérieux qu'il ne donnait à entendre. Mensonge bien imprudent, de plus; car que de personnes ont pu se trouver en-

lente armée de Versailles, composée de la gendarmerie et
de la marine impériales restées intactes, de l'infanterie
de marine, de la ligne, de la cavalerie, et de l'artillerie
de l'Empire : généraux, officiers et soldats ont été habiles,
disciplinés et héroïques. Avoir forcé l'enceinte et les forts
en deux mois, s'être rendus maître en 7 jours de la ville
hérissée d'ouvrages formidables, c'est une œuvre qui leur
fait le plus grand honneur et qui prouve par parenthèse
que l'Empire n'avait pas ruiné l'armée autant qu'on l'a

gagées sur la déclaration faite en pleine Assemblée ! Et s'il était
vrai que le digne prélat ne fût resté à Paris que sur la foi de ces
paroles qui lui faisaient espérer une prompte délivrance de la capitale ?
Qu'en penserait M. Favre ? Et dire que cet ancien allié de Juarez n'a
pas craint de paraître aux obsèques de Mgr Darboy ! Et dire que cet
homme, le principal auteur de la guerre civile qui vient de nous
coûter des flots de sang et des monceaux d'or, est encore ministre et
représente devant l'Europe cette France, autrefois si nob'e et si
grande ! Et il se trouve une Assemblée française pour supporter une
telle honte ! Citez-moi, mon cher ami, un signe plus manifeste de la
décadence morale d'un peuple.

«Le gouvernement fait écrire dans le *Journal Officiel* que l'insurrection de Paris n'était pas uniquement française et que, par le
grand nombre d'étrangers qui y ont pris part, elle a véritablement
un caractère cosmopolite. Mensonge ! Les dossiers montrent qu'on
compte à peine un étranger sur cent insurgés : le mouvement est
donc essentiellement français. Mais nos gouvernants qui, par leur
couardise, se sont laissés prendre leur capitale un beau matin, veulent
aujourd'hui se donner le mérite d'avoir sauvé la société européenne.
Le chef du pouvoir exécutif nous dit en parlant de l'armée de Versailles : «Nous sommes arrivés à donner à l'armée française la plus
solide composition d'état-major qu'elle ait eue depuis longtemps.
Notre armée est une des plus belles que la France ait eues.» Mensonges coupables, car si la France vous croyait . . . .!

«A la séance du 22 mai, le chef du pouvoir exécutif rendit
compte des événements militaires qui avaient amené l'entrée des
troupes dans Paris, et il s'exprima ainsi : «Hier, dans l'après-midi,
le brave général Douai s'est aperçu que les ravages de notre artillerie étaient plus considérables qu'il ne le supposait, et que les
brèches de la porte Saint-Cloud étaient abordables. Les officiers du
génie, avec quatre compagnies, s'y sont précipitées et toute l'armée
a suivi.» Combien sont coupables de semblables paroles. Car non-
seulement elles sont contraires à la vérité, mais encore elles font
commettre à l'Assemblée et à la France l'injustice la plus éclatante.
La vérité est que jamais aucune brèche n'a été faite ni à la porte

dit, et que l'opposition ne l'a pas démoralisée autant qu'elle l'avait voulu et tenté.(¹)

C'est le pendant des milliards souscrits au dernier emprunt : „l'Empire avait ruiné la France" et cependant, malgré la République et la présence de Favre au Ministère, qui n'est pas faite pour inspirer de la confiance dans les contrats formés avec l'état, malgré la guerre, l'occupation, et les dilapidations du Gouvernement de la Défense et de Gambetta, on trouve des milliards! D'où sortent-ils, sinon des flancs de la France impériale?

Résumons - nous : l'Armée impériale nous a tirés, malgré M. Thiers, de la guerre civile, dans laquelle il nous avait si follement précipités, sans savoir qu'il n'était pas prêt.

de Saint-Cloud ni ailleurs, et que les troupes ne seraient pas entrées dans Paris avant quatre ou cinq jours sans un événement imprévu dont l'auteur est un certain M. Ducatel.

«C'est lui qui, placé sur le rempart, et recevant des balles, dit-on, s'aboucha avec les troupes de Versailles et leur fit savoir que l'enceinte était dégarnie de défenseurs; c'est lui qui permit aux soldats de traverser le fossé par surprise, un à un d'abord, sur une sorte de passerelle, c'est à lui, et uniquement à lui que la France est redevable de la conservation de Paris.

«Qui donc ignore aujourd'hui que les insurgés, quelques jours auparavant, avaient réquisitionné tout le pétrole, organisé leurs compagnies d'incendiaires, et qu'ils auraient brûlé tout Paris si les troupes avaient dû employer encore quatre ou cinq jours à faire brèche et à donner l'assaut? Encore une fois, c'est M. Ducatel qui a sauvé Paris. Quel fait immense énoncé en peu de mots! L'esprit ne conçoit pas de récompense assez grande pour un tel service; mais personne ne songe à ce citoyen obscur et modeste qui, dans tout autre pays, serait comblé de louanges et d'honneurs.

«Pays oublieux, qui ne sait plus même être juste! Par quel détestable sentiment le gouvernement laisse-t-il ignorer un pareil fait à la France et au monde? «C'est pour ne pas diminuer son triomphe et pour faire croire que la chute de Paris est uniquement due à l'habileté des dispositions qu'il a prises.» Ainsi parlent ses ennemis, et il faut croire qu'ils ont raison.»

(¹) Il faut aussi porter au compte du gouvernement et non de l'armée les ridicules et mensongères dépêches adressées presque quotidiennement pendant six semaines à la province, et dans lesquelles M. A. Thiers, le signataire, annonçait invariablement que l'on entrerait à Paris dans huit jours, dans quatre jours ou dans deux jours. Bons provinciaux, rappelez-vous ces dépêches; il est utile que vous vous souveniez à quel point on vous a bernés.

VII.

Côté politique.

Le succès du gouvernement, au point de vue politique, est mince.

Que l'on se refuse, ou non, à croire que M. Thiers ait voulu l'émeute du 18 Mars ([1]); que l'on repousse ou non cette idée qu'il désirait un conflit afin de se consolider et de grouper autour de lui ces prisonniers d'Allemagne qui n'étaient rien moins que républicains, on est bien forcé de reconnaître que dans cette lutte, du début à la fin, le gouvernement a été totalement dé-

---

[1] M. L . . . . . , éditeur à Paris, nous a affirmé, en nous autorisant à publier le fait, avoir entre les mains la copie d'une convention conclue le 17 mars entre le général d'Aurelles de Paladine et le Comité Central de la Garde Nationale, par laquelle, celui-ci s'engageait à livrer les canons „aux bataillons de la Garde Nationale demeurés fidèles au Gouvernement." Le général d'Aurelles de Paladine avait-il été autorisé à signer cette convention ? C'est probable et, même s'il avait agi de son propre fait, n'eût on pas bien fait de saisir cette occasion de terminer le conflit sans verser le sang ? Il n'est pas douteux que le *Comité Central* et *l'Association Internationale des Travailleurs* ne croyaient pas le moment venu d'engager la lutte : ils ne s'attendaient pas au triomphe si facile que leur ménageaient la lâcheté et la profonde incapacité du Gouvernement.

Voyez d'ailleurs, à ce sujet, les lettres de Karl Max, le chef suprême de cette ligue anti-sociale, qui blâme ses frères de Paris d'avoir agi prématurément.

Tout cela n'excuse-t-il pas les suppositions d'après lesquelles M. Thiers n'aurait combiné sa tentative du 18 Mars que dans le but de faire éclater une guerre civile au terme de laquelle l'écrasement des factieux lui procurerait d'inappréciables avantages ?

pourvu d'intelligence de la situation, de clairvoyance, de ressources dans l'esprit, et de cœur.

Prenons d'abord le résultat **grosso modo.** Vous provoquez un conflit, vous êtes battus, vous vous enfuyez quelques heures après, vous ne triomphez qu'au bout de plus de deux mois; et par quels moyens? en affamant la cité (¹), en détruisant par le fer et par le feu les plus beaux quartiers de Paris, les plus jolis villages de la banlieue, en passant sur TRENTE DEUX MILLE CA- DAVRES d'hommes, de femmes et d'enfants et sur les ruines fumantes de nos édifices que vous n'avez pas su préserver de l'incendie. Je vous trouve médiocrement habiles !

Faut-il entrer dans le détail de vos. fautes sans égales et de leurs épouvantables résultats !

Vous avez déclaré la guerre aux fédérés sans être prêts ;

Vous vous êtes enfuis sans prendre aucune mesure de précaution, livrant la Banque, le Trésor, les caisses publiques aux insurgés ;

QUATORZE MILLE HOMMES résolus tiennent pour vous le cœur de Paris et quelques portes, vous les faites rentrer chez eux.

Si vous n'aviez pas fait tout cela l'insurrection n'eût pas duré deux semaines.

(¹)   Creil, 24 avril, 11 h. 39 soir.
„Le chef de station de Creil à M. Saisset, inspecteur principal
à Rouen.
En vertu d'une réquisition du commissaire de police délégué à Creil, tous les *vivres* et approvisionnements en destination de Paris sont arrêtés ici, avec ordre de les réexpédier sur leur point de départ. Veuillez prendre les mesures nécessaires pour ne plus expédier de marchandises de cette nature sur cette desti- nation.

«Agréez, etc.   «L'inspecteur principal, 6e section,
«SAISSET.»

«Si nous gênons la subsistance de Paris, si nous tirons sur Paris, si cher à la France, croyez-le, notre cœur saigne! . .» Discours de Thiers du 27 avril.

Votre incapacité n'est elle pas la cause principale de tout ce qui est arrivé : des souffrances morales et matérielles du pays pendant ces deux mois et après ; de l'occupation indéfiniment prolongée des Prussiens ; des aggravations apportées par eux à l'infame traité Jules Favre-Thiers ; des dilapidations de la Commune ; des vols commis par elle dans les caisses publiques et privées ($C^{ies.}$ de Chemins de fer, d'assurances et autres, dont les actionnaires vous maudissent, croyez-le) ; de la destruction par le bombardement ([1]) et de l'incendie final ;

([1]) Et quel bombardement ! Pendant six semaines, M. M. Thiers, Favre et Picard firent contre Paris ce que Bismarck n'avait fait qu'en tremblant à la dernière heure, et sous la pression violente de la presse et de l'armée allemandes qui disaient : «Vous épargnez les habitants, les maisons et les édifices de Paris, au prix du sang allemand : bombardez !» M Thiers, Favre et Picard, détruisirent Neuilly, Levallois, Courcelles, Clichy, Asnières ; Neuilly surtout dont, pendant trois semaines les habitants vécurent cachés dans les caves, Neuilly pour qui M. Thiers n'eut lors de la suspension d'armes, ni une parole de pitié, ni une aumône, ni une charrette, mais dont les femmes et les enfants furent recueillis dans Paris même par les soins du trop fameux général Cluseret ! L'avenue de la grande Armée est détruite de fond en comble ; l'Arc de Triomphe porte quatre-vingts balafres et la frise en est mutilée ! Pendant six semaines les obus et les shrapnells sont tombés jusque dans le square des Batignolles, jusqu'au rond point des Champs Elysées, jusqu'à l'Eglise St. Augustin, jusqu'à la chapelle expiatoire etc., ce qui ne peut être l'effet d'un tir incorrect. Des femmes et des enfants ont été tués par centaines.

Et pourtant, en 1840, quand la chambre des députés discutait la loi sur les fortifications, M. Thiers s'était écrié :

«Quoi ! imaginer que les ouvrages de fortification quelconque peuvent nuire à la liberté ou à l'ordre, C'EST SE PLACER HORS DE TOUTE RÉALITÉ. Et d'abord, c'est calomnier un gouvernement QUEL QU'IL SOIT de supposer qu'il puisse un jour chercher à se maintenir en bombardant la capitale. Quoi ! après avoir percé de ses bombes la voûte des Invalides ou du Panthéon, après avoir inondé de ses feux la demeure de vos familles, il se présenterait à vous pour vous démander la confirmation de son existence ! MAIS IL SERAIT CENT FOIS PLUS IMPOSSIBLE après la victoire qu'auparavant !»

Et pourtant le 31 Janvier 1848, il avait dit :

«Vous savez, messieurs, ce qui se passe à Palerme ; vous

des meurtres commis sur les prétendus réfractaires; de l'assassinat des Dominicains d'Arcueil, des gendarmes, du sénateur Bonjean, du sénateur archevêque de Paris et des autres prêtres ses compagnons de Martyre pour qui vous n'avez rien fait! rien!! rien!!!; de la mort des combattants tués dans les deux camps et des non-combattants fusillés „par erreur" je dis **trente deux mille**; de la prochaine levée des boucliers du socialisme auquel vous avez fait tant de prosélytes en laissant durer l'insurrection deux mois, en la noyant dans le sang, en envoyant sur les pontons 40000 hommes, femmes et enfants, dont de votre propre aveu 12000 sont innocents, en les y laissant plus de cinq mois sans jugement, en faisant echapper les chefs les plus redoutables, Pyat, Ranc, Léo Melliet etc., membres de la Commune, en empêchant les autres d'être condamnés comme ils le méritaient, en relâchant enfin les plus dangereux des soldats toutes les fois qu'ils étaient les anciens complices et amis de Jules Simon et autres. Par ces mesures vous avez exaspéré les demogogues en même temps que vous leur avez inspiré un grand mépris et aux honnêtes gens de justes appréhensions.

---

avez tous *tressailli d'horreur* en apprenant que, *pendant quarante-huit heures*, une grande ville a été bombardée. Par qui? Etait-ce par un ennemi étranger, exerçant les droits de la guerre? Non, messieurs, *par son propre gouvernement. Et pourquoi?* Parce que cette ville infortunée *demandait des droits.*

«Eh bien! il y a eu *quarante-huit heures de bombardement.*

«Permettez-moi d'en appeler à l'opinion européenne. C'est un service à rendre à l'humanité que de venir, du haut de la plus grande tribune peut-être de l'Europe, faire retentir quelques paroles *d'indignation contre de tels actes.* (Très bien! très bien!)

«Messieurs, lorsqu'il y a cinquante ans, les Autrichiens exerçant les droits de la guerre, pour s'épargner les longueurs d'un siége, voulurent bombarder Lille; lorsque plus tard les Anglais, qui exerçaient aussi les droits de la guerre, bombardèrent Copenhague; et, tout récemment, *quand le régent Espartero,* qui avait rendu des services à son pays, a voulu, *pour réprimer une insurrection, bombarder* Barcelone, dans tous les partis, dans tous les pays, il y a eu un cri général *d'indignation...*»

Qu'on se rappelle aussi les protestations hypocrites de M. Jules Favre contre le bombardement par les Allemands!

Voilà ce que l'on vous doit, hommes aveugles et présomptueux qui aviez répondu de l'ordre, lorsque vous forçâtes l'Assemblée à venir à Versailles. Les avertissements ne vous ont pourtant pas manqués.

Celui qui écrit ces lignes, vous a fait dire à la fin d'Avril par un de ces agents qui vous coûtaient **dix mille** francs par jour et à l'œuvre de corruption desquels vous aviez la candeur de croire:

„Hâtez-vous. Ne persistez pas à penser que l'armée fédérée se démoralise ou diminue en nombre. C'est le contraire qui est vrai. D'une part, elle s'aguerrit; on s'habitue à être ensemble; en voyant durer la Commune, on se persuade qu'elle est fondée, qu'elle est forte et que vous êtes faible; on prend confiance; d'un autre côté, le travail ayant cessé tout-à-fait, un grand nombre de pauvres diables grossissent les rangs tous les jours; ajoutez à cela les refractaires qu'on incorpore de force. Encore une semaine et les ouvrages intérieurs de Paris seront formidables. Ne croyez pas non plus que les dissensions et les haines qui se manifestent parmi les gouvernants, puissent vous profiter: Pyat et Vermorel se haïssent mais ils vous haïssent davantage et seront unis contre vous comme les deux doigts de la main. Enfin, chaque jour qui se passe est souillé de quelque crime; attendez-vous bientôt à des forfaits terribles.“

L'agent me répondit: „Je me tue de répéter cela tous les jours à M. Thiers lui-même; mais il est plein d'illusions.“

VIII.

Les Causes.

Les causes de la dernière guerre civile sont de deux natures.

Les causes matérielles sont connues:

Le 30 Août, dans un discours prononcé au Corps Législatif, M. Jules Favre demandait des armes pour „les bons patriotes de Belleville. Si vous leur en refusez, disait-il, ils auront tous les droits."

Il les arma quelques jours plus tard.

Et même, le seul drapeau offert à la garde nationale de Paris par le gouvernement, fût remis aux républicains de Belleville par le citoyen Jules Ferry „lui-même".

Lorsque Favre capitula, il désarma la troupe et la mobile qui devinrent éventuellement prisonnières et dont le matériel fut livré aux Prussiens, mais il laissa ses armes à la garde nationale; c'était le contraire qu'il fallait faire, tout le monde le sentait et le disait.

Tout est là.

Si maintenant l'on demande pourquoi ce double crime a été commis, la réponse se présente aussitôt: c'est que les gens de Belleville, de Montmartre, et autres républicains, c'est que les membres de l'Internationale sont depuis huit ans, les électeurs, les clients, les agents, les amis, les compères et les complices des Favre, des Ferry, des Simon, des Arago:

Assi a reçu un jour 40,000 francs de Jules Favre pour la caisse de l'Internationale;

M. de Quinsonnas, député, a dit à ses collègues que la Commission d'enquête sur les événements de Paris, a trouvé dans les papiers de l'Internationale **la preuve** que plusieurs membres du Gouvernement de la Défense faisaient partie de l'Internationale.

La Commission d'enquête sur les actes du Gouvernement de la Défense a dit qu'elle avait la **preuve** que le fruit de ses dilapidations avait été consacré à préparer et à alimenter l'insurrection, et, que les incendies de Paris avaient eu pour but d'en détruire la trace.

Enfin, voici une scène que nous livrons à la méditation du lecteur:

Félix Pyat, Delescluze et autres sont en prison. Emanuel Arago, Garde des Sceaux (!) se rend auprès de son confrère et ami M. Cresson, préfet de police et lui demande leur mise en liberté. M. Cresson, surpris d'une proposition aussi étrange, fait ressortir aux yeux du Ministre (!) ce qu'elle a d'illégal et refuse. „Je ne suis, dit-il, qu'un fonctionnaire exécutif: tu est le chef de la magistrature, du parquet; fais rendre une ordonnance de non-lien (c'est ton affaire et non la mienne) et je les élargirai; hors de cette procédure, tu sais bien que je ne puis rien; ce ne serait pas une mise en liberté, mais une évasion.“ Insistance prolongée d'Arago. Fermeté et refus définitif du préfet. Arago se retire très-contrarié; il est parti; lorsque, rouvrant la porte du Cabinet de M. Cresson, il passe la tête et lui dit: „Au moins, dis bien à Pyat et à Delescluze que j'ai fait pour eux tout ce que j'ai pu.“ Voit-on le lien et la complicité?

Quant aux causes morales, aux véritables auteurs responsables de la guerre de la Commune, les unes et les autres sont également faciles à dénoncer.

On ne prêche pas vainement pendant des années les plus purs mensonges, sans fausser les esprits, la haine sans enflammer les cœurs.

Or, voilà ce que vous avez fait, vous qui siégiez à gauche. Vous avez, sans trêve, attaqué, insulté, calomnié le chef de l'état, le gouvernement, les institutions, les lois, le droit. Vous avez tout ébranlé. Vous avez semé la démoralisation, l'irréligion, le mépris de l'autorité et de la patrie, la haine de l'armée, de l'esprit militaire, de la discipline, du véritable, du meilleur honneur. Vous avez éveillé, flatté, excité les plus mauvaises, les plus hideuses passions ; vous en avez fait vos alliées. Vous avez menti avec tant d'audace, vous avez si impudement soutenu le Faux manifeste contre le Vrai évident, que vous avez rendu le peuple de Paris fou ; vous avez répandu tant de fiel qu'il est devenu furieux ; vous vous êtes si éffrontément liés avec des voleurs, des assassins et des incendiaires qu'ils vous ont dominés; vous avez été avec eux complices de tant de choses ténébreuses que, si vous avez osé les égorger, du moins vous n'osez pas les juger.

Et maintenant voyez quel succès a couronné votre œuvre de destruction; voyez ce qui reste de nous: des ruines! Ce n'est plus la France! contemplez surtout les ruines morales: où est la famille? où est l'amour du drapeau et du pays ? où est la religion ? Les croyances, qu'en avez-vous fait ? Le dévouement, où est-il ? Quelqu'un respecte-il les magistrats? Le droit, sur quoi repose-t-il? Avec qui édifierez-vous des lois ? La propriété et le travail sont-ils sûrs? La paix et l'ordre ne sont-ils pas menacés? La statue de la liberté n'est-elle pas voilée ? Les élections ne se font-elles pas sous l'état de siége ? Ne supprimez-vous pas les journaux? N'emprisonnez vous pas sans jugement? Est-on sûr de ne pas être tué par vous aujourd'hui, ou par ceux qui vous renverseront, demain? car vous ne prétendez pas, sans doute, que tout soit fini? Y a-t-il un gouvernement? Existez-vous? Croyez-vous donc exister !

Il n'y a plus rien.

Hommes coupables que, pour votre châtiment mais aussi pour nous punir de vous avoir élus et applaudis au lieu de vous huer et de vous chasser, hommes coupables, que nous avons la honte de voir régner sur la France, c'est vous qui êtes les auteurs du Mal. On peut pardonner à ces criminels dont vous avez empoisonné les âmes et fusillé les corps, mais à vous ?

Vieux Jacobin devenu réactionnaire, aristocrate d'arrière-boutique, vous dont la politique n'a d'autre objet que de renverser par la ruse ceux qui sont au pouvoir et d'occuper et de garder leur place au moyen des abus de la force les plus sanglants, les plus grossiers et les plus cyniques en même temps que par les manœuvres les plus tortueuses et les plus mesquines, esprit fin mais étroit, intelligence vive mais courte et vulgaire, homme présomptueux et obstiné, vous qui n'avez jamais réussi qu'à parvenir au gouvernement, sans y rien faire d'utile ni de durable, sans obtenir un seul succès, sans vous préoccuper des grands et réels intérêts du pays que vous ne pouvez comprendre ni même entrevoir, tant votre vue a peu de portée, ô vous qui depuis un demi-siècle avez pris l'agitation pour l'action, la fourberie pour l'habileté, les compromis odieux pour des alliances, l'intrigue pour l'art de gouverner, le fait et la force pour le droit, vous qui avez sapé et contribué grandement à renverser la Restauration, la Monarchie de Juillet, la République de 1848 et l'Empire, homme sans foi qui avez toujours fait au pouvoir le contraire de ce que vous avez demandé, exigé, prôné et promis étant dans l'opposition, homme incapable, stérile et funeste, votre heure est proche ; faites un retour sur vous-même, comptez vos mensonges, pesez vos fautes, voyez l'inanité de votre vie pour le bien et mesurez tout le mal que vous avez fait à votre pays, dans l'intérêt de votre seule ambition personnelle !

Rhéteur à la langue d'argent, au cœur de boue, hypocrite austère qui cites Saint Augustin à la tribune et qui vas, dit-on, à la messe, âme haineuse, vile et perfide, tes crimes publics ont fait de toi un homme tel que l'histoire du monde n'en mentionne pas qui puisse t'être comparé, c'est-à-dire qui, pour l'amour du pouvoir, qui pour le saisir et le garder quelques mois ait attiré sur sa patrie des maux aussi effroyables. Semeur de calomnies venimeuses, provocateur de séditions, soutenour de l'Internationale, homme du 4 Septembre ! Tu as profité de ce que le sol de la patrie était envahi par l'étranger pour renverser -le gouvernement et la Représentation Nationale. Tu n'as pas voulu faire la paix après Sedan au prix de 800 millions, parceque la paix était ta chûte, et, pour toi, la France a été ravagée pendant six mois jusqu'en Bretagne et au dela de la Loire, pour toi la France a continué la guerre, ce qui a produit la Commune, car sans le siége de Paris, elle n'eût eu ni fusils ni canons ; Hélas ! pour toi que de morts ! que de familles en deuil! que de ruines ! Enfin lorsqu'il a fallu traiter tu as vendu la France au vainqueur pour qu'il conserve la République et ton ministère, pour que le pays ne soit pas consulté ; pour toi, tu lui as tout cèdé, tu lui as tout offert ; pour te garder toi et ta République, il nous en coute : la France occupée pendant trois ans, Paris détruit, douze milliards et trois départements. C'est cher.

Favre, si tu croyais en Dieu, tu te ferais trappiste ou missionnaire. Et ce ne serait pas assez pour expier tes forfaits.

Quant à vous plat Tartuffe et à vous, épicurien insensible aux soufflets des honnêtes gens, vos crimes sont trop bas et trop lâches pour vous faire distinguer de la tourbe des complices ; mais vous n'en serez pas moins châtiés.

O vous tous, qui avez tué la société et la patrie, tremblez ; car votre heure arrive ; le bon sens et le sens moral que vous avez altérés reviennent au peuple ; la vérité perce les ténèbres que vous avez accumulées ; on va vous juger ; on vous juge déjà, car on vous méprise. Tremblez, car si vous échappez à la justice des hommes, il en est une plus haute à laquelle vous ne vous déroberez pas.

EPILOGUE.

Aux habitants des Départements.

Le règne de la province est venu.

Habitants des départements, vous qui aviez oublié, mais qui savez de nouveau ce que coute une révolution et surtout une république, levez-vous pacifiquement mais virilement ; imposez silence aux partis et aux ambitieux ; faites entendre votre puissante voix ; donnez vos ordres (si vous saviez quelle est votre force !) Rendez-vous, rendez-nous des institutions qui, fondées sur la volonté populaire soient, (quelles autres pourraient l'être en ces temps tourmentés ?) des bases sur lesquelles se tiennent encore debout la religion, la morale, l'ordre, le droit, la loi, la paix et la prospérité de l'Etat et des individus !

Typographie SCHICK à Hombourg.